Anfani M. Kubi
Kalamba Datukun
Palang Mangut

UM Campus e Ambiente Inteligente Ideal

Anfani M. Kubi
Kalamba Datukun
Palang Mangut

UM Campus e Ambiente Inteligente Ideal

Um Campus Inteligente

ScienciaScripts

Imprint

Any brand names and product names mentioned in this book are subject to trademark, brand or patent protection and are trademarks or registered trademarks of their respective holders. The use of brand names, product names, common names, trade names, product descriptions etc. even without a particular marking in this work is in no way to be construed to mean that such names may be regarded as unrestricted in respect of trademark and brand protection legislation and could thus be used by anyone.

Cover image: www.ingimage.com

This book is a translation from the original published under ISBN 978-620-7-80852-6.

Publisher:
Sciencia Scripts
is a trademark of
Dodo Books Indian Ocean Ltd. and OmniScriptum S.R.L publishing group

120 High Road, East Finchley, London, N2 9ED, United Kingdom
Str. Armeneasca 28/1, office 1, Chisinau MD-2012, Republic of Moldova, Europe
Printed at: see last page
ISBN: 978-620-7-84528-6

RECONHECIMENTO

Gostaria de agradecer ao meu competente supervisor, o Dr. DATUKUN Kalamba Aristarkus, que me segurou as mãos desde o início até ao fim deste projeto. Sem esquecer a minha família que sempre me encorajou, mesmo quando estou em baixo. Eles deram-me força para continuar a lutar. O meu professor, Sr. Heman A. Mangut, que também esteve comigo desde o início, respondendo às minhas perguntas, mesmo à noite, para se certificar de que me ajudava, mesmo no seu silêncio, encontrei um mentor e irei sempre procurar o melhor.

DEDICAÇÃO

Dedico este projeto a Deus, em primeiro lugar, pela graça, pela sua bondade, pela sua eterna e duradoura misericórdia e por ser a minha força. Dedico também este projeto à minha querida família, pelo seu carinho e apoio ao longo deste período de investigação.

TABELA DE ABREVIATURAS

Abbreviation	Full Names
ICT	Information and Communication Technology
ISP	Internet Service Provider
STP	Spanning-tree protocol
DTP	Dynamic trucking protocol
DHCP	Dynamic host configuration protocol
NTP	Network time protocol
IOT	Internet of things
DNS	Domain name systems
AAA	Authentication authorization accounting
FTP	File transfer protocol
LWAP	Light weight access point
IP	Internet protocol
SYSLOG	System logins
PAgP	Port aggregation protocol
LACP	Link aggregation control protocol
MAC	Media access control
NAC	Network access control
ACL	Access control list
ACE	Access control entry
VLAN	Virtual local area network
NIC	Network interface controller
IOS	Open system interconnect
SSID	Service set identifier
SASE	Secured access service edge
MPLS	Multiprotocol label switching
PoP	Point of presence
SSH	Secured shell protocol
ISP	Internet service provider
VoIP	Voice over internet protocol
UC	Unified communications
LAN	Local area network
WAN	Wild area network
MAN	Metropolitan area network
CSC	Computer science department
PHY	Physics department
BCH	Biochemistry department
MCB	Microbiology department
MATH	Mathematic department
CHEM	Chemistry department
F	Eastethernet
G	GigabidEthernet

TABELA DE CONTEÚDOS

RESUMO

A tecnologia da informação moderna tem os seus fundamentos nas redes. A ligação em rede é a utilização de meios de rede para interligar computadores com o objetivo de partilhar informações. Pode também incluir a interligação de coisas como portas de casa, cercas, portões, ferramentas ambientais para efeitos de comunicação. Atualmente, esta tecnologia influencia quase tudo o que fazemos, tendo um grande impacto na sociedade e no mundo em geral em termos de segurança, comunicação e gestão da partilha de recursos. A conetividade inadequada no ambiente da Universidade Estatal de Plateau afectou a universidade em termos de partilha de recursos, comunicação e gestão da segurança. Esta situação afectou a produtividade da universidade em geral, tornando tudo mais agitado para os estudantes e o pessoal. Esta investigação tem por objetivo conceber um ambiente inteligente, interligando a rede e os dispositivos dos utilizadores finais, os objectos censurados e o equipamento de autenticação. No final, este trabalho tende a promover uma melhor forma de comunicação entre os estudantes no campus, os membros do pessoal nos seus respectivos gabinetes e as comunidades vizinhas. Um sistema multi-fator de participação em aulas, movimentação e tratamento de ficheiros e sistema de alertas de segurança constituem as actividades da rede proposta. Os departamentos da Faculdade de Ciências Naturais e Aplicadas foram utilizados para a experiência de conceção. Utilização do simulador de packet tracer da cisco para a implementação. A troca de dados, como texto, áudio e vídeo, constitui parte da experiência neste trabalho. Assim, o modelo de rede concebido exprime a tendência para implementar um ambiente inteligente que possa gerir a eficiência e a insegurança do trabalho num ambiente de aprendizagem como a Universidade Estatal de Plateau Bokkos e o seu ambiente. A rede é composta por seis blocos departamentais, uma sala de deteção e um centro de dados. Toda a rede tem a combinação de diferentes dispositivos intermédios, ligados por cabos de fibra de longo alcance (acima de 100 m) que ligam todos os edifícios e por cabos cat6 utilizados dentro de um edifício. Os seis blocos departamentais da faculdade e a sala de deteção estão todos ligados ao centro de dados. Uma voz sobre IP, uma rede sem fios para dispositivos sem fios com o respetivo SSID e palavra-passe com base em quem está a aceder à rede também estão incluídos. Foi utilizado um cenário IOT para interligar equipamentos IoT, actuadores e censores no ambiente em estudo. Estes foram ligados ao servidor IOT que está localizado na sala de deteção, que tem servidores adicionais para outras actividades. A interação destas coisas interligadas permite a deteção da presença necessária para a utilização pretendida.

CAPÍTULO UM
INTRODUÇÃO

1.0 Antecedentes do estudo

Uma rede é qualquer conjunto de conselhos e/ou coisas que estão interligadas com o objetivo de trocar informações. Um sistema é designado por rede se facilitar a circulação de informações. Para comunicar, tem de haver um emissor (origem) e um recetor (destino). Uma rede informática troca informações entre computadores, dispositivos de rede e outras coisas. O termo "Internet", tal como é popularmente designado hoje em dia, é uma vasta rede composta por milhões de redes mais pequenas denominadas LAN's ou Intranets. Os dispositivos que constituem uma rede são de duas formas: dispositivos finais e dispositivos intermédios; os dispositivos finais nunca podem constituir uma rede sem os dispositivos intermédios. Estes computadores são também designados por nós ou estações e executam software que inicia e gere a sua interação na partilha de ficheiros e outros recursos. Com uma configuração adequada, uma combinação de meios de comunicação por cabo ou sem fios, a interligação de computadores e dispositivos de hardware de ligação em rede, é criada uma rede informática.

O resultado de uma conetividade inadequada ou de uma falta de conetividade acessível é que as universidades na Nigéria não conseguem satisfazer as necessidades de informação dos estudantes, investigadores, professores, cientistas e bibliotecas com os instrumentos necessários para participar na construção de uma economia do conhecimento. A Universidade do Estado de Plateau tem sido parte dos contratempos subjacentes, o que tem um grande efeito na faculdade de ciências naturais e aplicadas. É óbvio que, com o atual avanço da tecnologia, sem um ambiente de rede adequado, a aprendizagem será dificultada e não será devidamente concretizada, haverá pouca eficiência, pouca gestão, pouca elasticidade e uma produtividade muito baixa. Este é o caso da Universidade Estatal de Plateau Bokkos. A Universidade começou a funcionar em 2005, com as actividades académicas totalmente iniciadas em 2010, sem qualquer base de rede estabelecida durante um longo período de tempo. As operações têm sido manuais, tornando a comunicação fastidiosa e pouco amigável.

1.1 Declaração de Problema

A situação da rede na Universidade do Estado de Plateau chegou a um ponto em que havia pouca implementação de infra-estruturas de rede. Só que os cabos não eram bem geridos e a rede não estava bem estruturada, não tinha Aps suficientes para cobrir a área necessária, não tinha pontas remendadas. Toda a rede nem sequer está a funcionar neste momento devido a esta inadequação. O meu trabalho de investigação abrangerá a maior parte das soluções e alguns atributos IOT no rastreador de pacotes. A insegurança, enquanto preocupação na Universidade Estatal de Plateau Bokkos e no seu ambiente, tem vindo a aumentar de dia para dia, fazendo com que o pessoal e os estudantes já não se sintam seguros. Este facto promove ainda mais a procura desta investigação. Para gerir os problemas em causa, será concebido e apresentado como modelo um campus inteligente ideal. O presente trabalho de investigação abrangerá a área das redes na Faculdade de Ciências Naturais e Aplicadas da Universidade Estatal de Plateau, em Bokkos, como estudo de caso.

1.2   Pesquisa perguntas

1) Quais são os problemas relacionados com a rede em contenção na Universidade de Plateau State Bokkos?

2) Como gerir os problemas relacionados com a rede em contenção na Universidade de Plateau State Bokkos?

1.3 Objetivo

O objetivo deste trabalho é conceber um campus inteligente ideal para combater a insegurança e um ambiente de trabalho aborrecido.

1.4 Objectivos específicos

1) Investigar os problemas de contenção relacionados com a rede no PLASU.

2) Conceber e simular um campus inteligente ideal

1.6 Método de Investigação

Em primeiro lugar, há que ter em conta as observações efectuadas ao longo da minha estadia na universidade. Deve ser realizado um inquérito para recolher informações de outros estudantes e funcionários sobre as suas próprias experiências. Terá de ser realizada uma entrevista a alguns administradores e pessoal docente importantes, a fim de obter dados sobre as suas experiências. Estes dados serão utilizados para aprofundar o problema de investigação. Por último, será concebido e simulado um campus inteligente ideal, a fim de ser apresentado como modelo para uma implementação mais geral na universidade.

1.7 Importância do estudo

Esta investigação ajudará a criar um sistema melhor que se centrará na melhoria das normas de funcionamento em rede da Universidade, bem como das normas de reputação. Também facilitará uma maior produtividade, protegendo os dados e proporcionando um melhor ambiente de aprendizagem para os estudantes e membros do pessoal. A rede será elástica e dará também espaço a outros investigadores para realizarem outros projectos. A título de exemplo, a rede social do corpo docente, os sistemas de assiduidade, o sítio Web e a biblioteca eletrónica, no âmbito desta conceção, melhorariam a comunicação adequada para um ambiente mais amigável, seguro e eficiente. Este projeto será ainda utilizado como modelo para abranger a Universidade Estadual de Plateau e qualquer instituição de ensino com problemas semelhantes.

1.8 Âmbito do projeto

Este trabalho de investigação centrar-se-á na conceção e implementação de um ambiente de rede seguro (físico e virtual) na Faculdade de Ciências Naturais e Aplicadas e no centro de dados da Universidade Estatal de Plateau, apenas em Bokkos. O sistema será configurado para partilhar dados e criar algumas limitações a pessoas não autorizadas, utilizando alguns dispositivos de censura para monitorizar e automatizar os dispositivos e utilizadores na rede

1.9 Organização do projeto

Este trabalho de investigação é composto por cinco capítulos organizados da seguinte forma.

Capítulo Um: O primeiro capítulo apresenta uma breve introdução sobre o que é todo o projeto, que consiste nos antecedentes do estudo, na declaração do problema, na finalidade e nos objectivos do projeto, no âmbito do projeto, na importância do estudo, no âmbito do projeto e na organização do projeto.

Capítulo Dois: O segundo capítulo contém a revisão dos conceitos fundamentais, onde o contexto do estudo é discutido em pormenor.

Capítulo III: O terceiro capítulo contém os requisitos do sistema, onde são indicados todos os requisitos necessários para a conceção e implementação.

Capítulo IV: O quarto capítulo contém a conceção do sistema e a implementação principal da solução proposta, sobre o teste da solução proposta após a implementação para garantir que cumpre as especificações esperadas.

Quinto capítulo: O quinto capítulo apresenta a conclusão, o resumo do trabalho do projeto e também recomendações para trabalhos futuros.

A Figura 1.1 descreve a organização deste projeto na sua totalidade. Estas abrangem a Introdução, a revisão da literatura, a metodologia de investigação, os Resultados e discussão e o Resumo e conclusão. O processo repetir-se-á até que o trabalho esteja devidamente interligado e correspondente, o que está descrito na Figura 1.1 até agora.

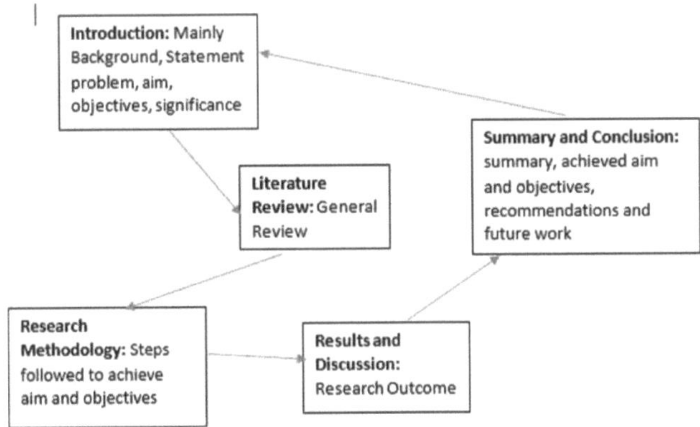

Figura 1.1: Procedimento de investigação

CAPÍTULO DOIS

REVISÃO DA LITERATURA

2.1 Computador Redes

Uma rede informática é um conjunto de computadores ligados entre si com o objetivo de partilhar recursos (Datukun, 2020). O recurso mais comum partilhado atualmente é a ligação à Internet. Outros recursos partilhados podem incluir uma impressora ou um servidor de ficheiros. A própria Internet pode ser considerada uma rede informática. Também se pode considerar uma rede informática como uma rede de telecomunicações digitais que permite a partilha de recursos entre nós. Nas redes informáticas, os dispositivos informáticos trocam dados entre si através de ligações (ligações de dados) entre os nós. Uma rede informática pode ser definida como dois ou mais computadores ligados entre si por um meio que lhes permite partilhar informações.

2.2 Tipos de redes

As redes distinguem-se frequentemente pelo seu alcance ou cobertura. Datukun (2020) salienta que os tipos de redes atualmente utilizados incluem Personal Area Network (PAN), Local Area Network (LAN), Wireless Local Area Network (WLAN), Campus Area Network (CAN), Metropolitan Area Network (MAN), Wide Area Network (WAN), Storage-Area Network (SAN) e Virtual Private Network (VPN). Os tipos de rede podem assumir qualquer disposição (topologia). As topologias básicas de rede incluem Estrela, Anel e Barramento. As máquinas de uma rede estão frequentemente ligadas fisicamente através de cabos (cobre e fibra) ou sem fios (ondas de rádio).

2.3 Rede Materiais

Os materiais de rede podem ser vistos como hardware e software, dispositivos (como terminais e intermédios) e barramentos, tanto sem fios (ondas de rádio) como com fios (impulsos eléctricos e de luz). Datukun et al (2016) considera que os materiais de rede são dispositivos de rede como MODEMs, routers, routers domésticos sem fios básicos, pontos de acesso e switches. Equipamento de satélite, como reflectores de 2,4 metros (banda C), reflectores de 1,8 metros (banda C). Cabos como Cat 6 e 5e. Conectores como SC, ST, RJ-45

2.4 Rede Requisitos

Datukun et al (2017) referem que os requisitos de rede podem ser recolhidos através de entrevistas a peritos técnicos ou da documentação de experiências técnicas próprias. Os requisitos de rede são tudo o que é necessário para configurar uma rede. No caso de uma rede informática, são necessários determinados elementos, como dispositivos, suportes, conectores e equipamento, eléctricos ou baseados em satélite, para configurar uma rede em funcionamento. Os requisitos de software para as redes consistem nos sistemas operativos compatíveis com os dispositivos do utilizador final e da rede. São também necessários softwares utilitários e de aplicação numa rede informática.

2.5 Rede Plataformas

Ezema et al (2014) indicaram que há software que inicia e gere a interação dos utilizadores na partilha de ficheiros e outros recursos. O software utilitário e outros pacotes de segurança garantem a segurança da rede. Uma rede, nomeadamente uma rede informática, funciona com base em plataformas. Estas são hardware ou software. Os requisitos de software para as redes consistem nos sistemas operativos compatíveis em que funcionam o utilizador final e os dispositivos de rede. Também os softwares utilitários e de aplicação necessários numa rede de computadores.

O facto de limitar este trabalho apenas aos dispositivos proprietários da Cisco é influenciado pelo elevado padrão e qualidade dos dispositivos que produzem, sem esquecer a sua reputação no mundo das redes. É uma das melhores, se não a melhor, empresa que produz os melhores dispositivos de rede. Trabalham anualmente nos seus dispositivos para melhorar os serviços que os seus produtos oferecem. Os requisitos de hardware consistem no hardware necessário para que a rede funcione com êxito.

2.6 Ferramentas de conceção de redes e

Ezema et al (2014) sublinharam que, antes de uma rede ser concebida, é necessário planear a sua criação para que seja correcta. A questão a responder aqui é a de saber se já existe uma rede (com ou sem fios)? No caso da rede em estudo, não existe uma infraestrutura séria, mas apenas uma simples ligação de rede. A documentação dos levantamentos anteriores do local, a topologia atual da rede existente foi analisada e foram elaborados mapas das instalações para ajudar o projeto atual. Datukun et al (2017) especificam que o rastreador de pacotes CISCO pode ser utilizado para conceber uma rede física com base em alguns requisitos recolhidos. Indicam também que um desenho lógico utilizando um software em linha pode ser efectuado e simulado como um gráfico. O Cisco packet tracer é um dos simuladores mais fiáveis, com uma precisão de 95,0 em relação aos dispositivos reais. O Cisco packet tracer tem a desvantagem de se limitar apenas aos produtos proprietários da Cisco. Quase tudo o que fizer no simulador de packet tracer funcionará nos dispositivos reais. Foi construído ou concebido para fins de aprendizagem e investigação, o que é efetivamente mais fácil de utilizar. O ensino e a aprendizagem de redes informáticas são uma parte crucial de um estudante de licenciatura em informática. No entanto, trata-se de um tema abstrato com uma teoria que pode ser difícil de compreender pelos alunos. A aprendizagem baseada na simulação pode ser utilizada como uma ferramenta de ensino para melhorar os tópicos das aulas baseadas em redes e ajudar os alunos a compreender e visualizar facilmente o seu verdadeiro funcionamento num ambiente seguro e de fácil utilização. Uma dessas ferramentas de simulação, o Cisco Packet Tracer, pode ser utilizada com bons resultados, e este documento apresenta a implementação prática da ferramenta, tal como identificada na literatura existente. Além disso, este documento discute a forma como o Packet Tracer foi utilizado no âmbito de um módulo de licenciatura do primeiro ano "Computadores e Segurança", sediado no Reino Unido, e descreve em pormenor o conteúdo de nove sessões práticas, identificando ao mesmo tempo as principais vantagens e desafios da sua implementação de uma perspetiva profissional. Concluiu-se que, embora o Packet Tracer possa ser um benefício adicional para aumentar o ensino de conceitos de rede, existem limitações e desafios que os educadores devem ter em conta ao implementar a ferramenta. O documento conclui, portanto, com recomendações que devem ajudar os educadores e os conceptores de programas curriculares a criar e realizar sessões de trabalho em rede mais eficazes e interactivas. Como as redes informáticas aumentaram em número e em dimensão, além disso, as redes informáticas são utilizadas em quase todo o lado devido aos vários benefícios das redes informáticas, como a partilha de ficheiros, a partilha de impressoras, a partilha de ligações à Internet, os jogos multijogadores, os serviços telefónicos na Internet, o entretenimento, etc., é importante compreender os conceitos básicos das redes informáticas. Este documento começa com uma introdução ao packet tracer e às suas vantagens para aprender vários conceitos de redes informáticas de forma eficaz e eficiente. Além disso, são abordadas brevemente várias características do packet tracer, bem como a experiência de um aluno e de um professor ao trabalharem com um packet tracer. Datukun et al (2020), coloca as definições de série da seguinte forma: Um simulador é uma peça de software que, como o nome indica, simula uma topologia de rede composta por um ou mais dispositivos de rede. A topologia de rede é a disposição dos dispositivos numa rede de computadores e a forma como comunicam entre si. Os dispositivos de rede são dispositivos diretamente ligados pelo suporte de rede. Os dispositivos do utilizador final são dispositivos utilizados diretamente pelos utilizadores da rede. Os suportes de rede são as ligações através das quais os dados são transmitidos. Os utilizadores da rede são simplesmente pessoas ou robôs. Datukun (2018) definiu a conceção de uma rede de campus como uma conceção de rede de campus universitário que requer uma conceção de fundo para uma rede informática que abranja o plano diretor da área do campus. De acordo com Baha et al (2016), o software de conceção de redes Edraw Max 7.9, o AutoCAD, o Sistema de Posicionamento Global (GPS) e o Google Earth Pro foram utilizados para conceber uma rede local na Universidade Estatal de Taraba (TSU), Jalingo. Foi efectuada a caraterização da rede existente, a identificação dos requisitos do sistema de rede proposto e a conceção e desenvolvimento do novo sistema de rede. A TSU foi equipada com cablagem do edifício interno, cablagem de fibra ótica e dispositivos de núcleo de rede. O projeto consiste numa espinha dorsal colapsada de Ethernet a instalar no centro informático central da TSU (TSU-CCC), que liga os locais dos hubs de fibra ótica no campus principal. Estes hub sites de fibra ótica estão localizados centralmente em cada uma das áreas designadas e delineadas do mapa da rede do campus. Um plano de rede típico num edifício é descrito da seguinte forma: As portas da caixa de parede Ethernet ligam-se através de fios de cobre a comutadores Ethernet em armários de cablagem, que se ligam através de fibra ótica a um comutador Ethernet agregado no interior do edifício e depois ao TSU-CCC através de uma ligação de fibra ótica ligada à terra. A rede sem fios localizada na maioria dos edifícios forneceria serviços a clientes sem fios através de pontos de acesso sem fios. Os pontos de acesso ligam-se à Ethernet no interior do edifício.

Poderá ser apresentada uma planta e uma implementação pormenorizada de uma rede que funcione em todo o campus. Os prós e os contras dos vários meios de gerar uma ligação de rede, distribuindo-a por uma área bastante vasta e dentro das limitações de custo, velocidade e potência também podem ser analisados aquando da conceção de uma rede de área.

2.7 Diagnosticar a rede existente

O Ping Plotter é uma ferramenta de diagnóstico e resolução de problemas de rede. Utiliza uma combinação de trace-route, ping e whois para recolher dados rapidamente e, em seguida, permite-lhe continuar a recolher dados ao longo do tempo. Ajuda a identificar a origem do problema numa ligação à Internet, de uma forma gráfica intuitiva, e a continuar a monitorizar a ligação a longo prazo para identificar mais problemas. Como referido em (Onwudebelu et al, 2014), o Ping Plotter oferece um valor único para a monitorização da rede e a resolução de problemas, entre os quais se incluem a apresentação gráfica de métricas de desempenho sobre o percurso dos dados até um servidor; a monitorização do desempenho da rede ao longo do tempo, capturando os momentos em que os problemas surgem; a notificação quando existe um problema de rede. (Onwudebelu et al, 2014) apresentou um resultado do rastreio de www.google.com na norma ping plotter. O relatório do ping plotter mostrava para onde a informação estava a ser enviada (ou seja, rastreando www.google.com, que é o nome do alvo) através da Internet e o que estava a acontecer ao longo do percurso. A ferramenta utilizada para gerar o relatório apresentado foi uma ferramenta ligeira de resolução de problemas, diagnóstico e monitorização de redes chamada PingPlotter. No relatório, havia um gráfico superior e um inferior correspondentes ao gráfico de traço e ao gráfico de tempo, respetivamente. No gráfico de traços, os limites definidos para as cores no fundo do gráfico de traços (com 200 ms como cor de aviso e 500 ms como velocidade crítica, que é o padrão do ping plotter), a linha vermelha no gráfico representa o tempo médio de resposta. O x azul representa o tempo de resposta para o pacote atual, a linha horizontal preta representa os tempos de resposta mínimo e máximo, a coluna Avg. é para o tempo de resposta médio, a coluna Cur. (Atual) corresponde ao tempo de amostra individual para a amostra mais recente (ERR apresentado nesta coluna indica pacotes perdidos). A coluna DNS é para esse salto (nesta coluna significa um nome não resolvido), a coluna IP é para os endereços IP de várias placas. A coluna PL% refere-se ao pacote perdido por placas individuais, a coluna Hop é para as placas individuais em série. Graph é o gráfico de rastreio propriamente dito. No caso do gráfico de tempo (TG), o tempo que um ping leva para ir do meu computador até o dispositivo de destino e voltar (tempo de ida e volta) foi de 581 e 571 para Avg. e Cur, respetivamente. A escala de latência foi de 60 ms no máximo à esquerda, enquanto a perda de pacotes foi de 30 ms no máximo à direita. O tempo do gráfico foi de 10 minutos. Foi utilizado um software chamado ping plotter para determinar o traço e o gráfico de tempo descritos para determinar a taxa de atraso na entrega dos pacotes

2.8 Algumas obras relacionadas com

Ezema et al (2014) apresentaram um plano, projeto e simulação de uma rede informática, um estudo de caso da Universidade Federal de Tecnologia de Owerri (FUTO). O resultado do trabalho mostrou claramente que a rede simulada tem uma vantagem sobre a rede em tempo real existente em termos de fiabilidade. A rede informática da Universidade Federal de Tecnologia de Owerri tinha seis (6) sub-redes e cada uma delas tinha a sua própria rede. A topologia em estrela foi utilizada para implementar o projeto. Datukun et al (2017) apresentaram um trabalho de investigação realizado na rede informática da Plateau State Universities Bokkos, situada no Estado de Plateau, na Nigéria, na parte ocidental de África. A topologia da rede existente na Universidade foi analisada com base na experiência dos utilizadores da Internet e nos requisitos de topologia do pessoal técnico. A topologia ou disposição confirmada da rede existente foi projectada e simulada para obter resultados de desempenho. Os requisitos técnicos, em curso e planeados para implementação, foram recolhidos e utilizados para realizar a conceção. A rede em funcionamento foi simulada em direto e o desempenho registado. Para implementar o projeto, foi utilizada uma topologia híbrida: estrela, estrela alargada, malha e estrutura em anel. O projeto foi simulado e melhorado em relação ao existente.

Datukun K. (2018) apresentou um livro sobre um projeto típico de rede de área de campus que utilizou o campus universitário de Salem como estudo de caso. O plano diretor do campus foi utilizado para determinar a natureza da rede do campus. Os requisitos foram determinados com base nesse plano em termos de quantidade e qualidade. O projeto foi então realizado e simulado. Depois disso, parte do projeto foi implementado devido a limitações financeiras. Baha et al (2016) utilizaram o software de desenho de redes Edraw Max 7.9, o AutoCAD, o Sistema de Posicionamento Global

(GPS) e o Google Earth Pro para desenhar a rede da Universidade Estatal de Taraba. Tratava-se de uma conceção estática que não permitia avaliar o desempenho antes da implementação.

2.9 Lacuna(s) do trabalho relacionado

Todos os trabalhos relacionados tinham um inconveniente em comum. Era a falta de intenção de levar a rede do campus a um nível inteligente. Obviamente, nenhum cenário inteligente foi capturado em cada um dos projectos. Esta investigação pretende incorporar uma perspetiva inteligente na conceção, o que facilitará ainda mais a vida no campus. Baha et al (2016) utilizaram ferramentas de conceção estática para conceber a rede da Universidade Estatal de Taraba, cujo desempenho só pôde ser determinado após a sua implementação.

CAPÍTULO TRÊS

METODOLOGIA DE INVESTIGAÇÃO

3.1 Viabilidade Estudos

O facto de a instituição não estar bem ligada em rede ou não ter um ambiente de rede funcional, dificultou a compreensão e a utilização do tempo, tornando a vida muito difícil tanto para os estudantes como para o pessoal. A implementação deste trabalho ajudará os estudantes a conseguir muito em muito pouco tempo. Também levará ao crescimento do corpo docente, o pessoal será capaz de automatizar a maioria das coisas que os ajudarão a conseguir mais num curto período de tempo.

A rede deve ter um acesso interessante à Internet para os estudantes e o pessoal. Dispomos de servidores e podemos ter uma rede social no campus, onde os estudantes e o pessoal podem partilhar informações e receber actualizações sobre o que é necessário fazer, o que pode levar o corpo docente a descarregar livros ou a comprar e a criar uma biblioteca eletrónica só para o campus. Os gabinetes poderão comunicar e transmitir informações sem se deslocarem dos seus vários gabinetes, o que diminuirá o stress para os funcionários. Este trabalho dará uma melhor reputação à instituição, o que atrairá mais candidatos, e dará aos estudantes e funcionários mais informações sobre o que o mundo tem para oferecer.

3.1.2 Viabilidade económica

O quadro 3.1 descreve a viabilidade da instalação de fibra ótica. Estima-se o custo dos materiais e das actividades de instalação. Desde o enterramento até à emenda, o custo será de 10 milhões, conforme descrito no Quadro 3.1

Tabela 3.1: Instalação de fibra ótica

Materiais/descrição	Montante (N)
fibra monomodo 3 core buffer, 1200 metros	3,5 milhões de euros
fibra monomodo 1 núcleo tampão, 2000 metros	2,5 milhões de euros
escavação de pontos de junção e itinerários	2 milhões de euros
gestão e união da fibra	2 milhões de euros
Total	10 milhões de euros

A Tabela 3.2 descreve a instalação de cabos de categoria. A instalação de cabos cat neste projeto está resumida na Tabela. Desde a passagem dos cabos até à montagem dos bastidores, o custo será de 7,3 milhões de euros.

Quadro 3.2: Instalação de cabos de categoria

Materiais/descrição	Montante (N)
10 prateleiras	1,9 milhões de euros
35 pacotes de cabos cat 6	1,7 milhões de euros
Conectores Rj45	200000
18 painéis de ligação do anfitrião (25 por painel)	800000
Acabamento	2,5 milhões de euros
Total	7,3 milhões de euros

A tabela 3.3 descreve o custo exequível da instalação dos dispositivos de rede necessários para esta conceção de rede. O custo total da instalação dos dispositivos é de 50,6 milhões de euros. O custo total da viabilidade económica será, então, de 67,9 milhões, somando o custo da instalação da fibra ótica, do entroncamento dos cabos de categoria e dos dispositivos.

Quadro 3.3: Instalação de dispositivos

Materiais/descrição	Montante (N)
1 gato ISR4331	1,7 milhões de euros
1 router cat 2811	1,1 milhões de euros
2 comutadores de camada 3 (cat 3650.24ps)	3,9 milhões de euros
14 comutadores de camada 2 (cat 2960)	4,4 milhões de euros
4 severs	9,3 milhões de euros
24 conversores	1,1 milhões de euros
35 Aps leves	2,8 milhões de euros
1 Controlador de rede local sem fios	200000
27 Aparelhos de ar condicionado baseados em IOT	4,6 milhões de euros
25 telefones IP	3,9 milhões de euros
11 Aspersores de incêndio baseados em IOT	2 milhões de euros
8 Monitor de incêndios baseado em IOT	1,1 milhões de euros
8 Detetor de humidade baseado em IOT	900000
8 Gerador de sinais baseado em IOT	2,3 milhões de euros
9 PCs	2,8 milhões de euros
Acabamento da ligação dos aparelhos	2 milhões de euros
Manuseamento para a sua configuração	6,5 milhões de euros
Total	50, 6 milhões de euros

3.1.3 Viabilidade estrutural

Para tal, será necessária uma maior estruturação, de modo a que cada departamento possa ser autónomo ou dois departamentos por edifício. Mas, mesmo que estejam numa única estrutura, a rede pode ser implementada. É necessária uma sala dedicada para cada departamento, uma vez que um centro de distribuição é muito importante. A necessidade de analisar o tipo de estrutura em que se devem instalar é fundamental, como, por exemplo, não estar numa área com água e ser bem climatizada. Nos casos mais básicos de instalações interiores da Faculdade de Ciências Naturais e

23

Aplicadas da Universidade Estatal de Plateau Bokkos, é necessário, pelo menos, um ponto de acesso, uma variedade de antenas, cabos e conectores de antena, um computador portátil (ou PDA) com uma placa de PC sem fios, algum software utilitário de levantamento do local e algum papel. Existem algumas pequenas coisas que podem ser adicionadas ao kit de ferramentas móvel, como fita adesiva de dupla face (para montar temporariamente as antenas na parede), um conversor DC-AC e baterias (para alimentar o ponto de acesso), analisadores de espetro, uma câmara digital para tirar fotografias de locais dentro de uma instalação.

Um levantamento do local de radiofrequência (RF) é um mapa para a implementação bem sucedida de uma rede sem fios. Um levantamento do local é um processo de tarefa a tarefa através do qual o inspetor descobre o comportamento de RF, a cobertura, a interferência e determina a colocação adequada do hardware numa instalação. O principal objetivo do levantamento do local é garantir que os trabalhadores móveis, os "clientes" da LAN sem fios, tenham um sinal de RF continuamente forte à medida que se deslocam pelas instalações. Ao mesmo tempo, os clientes devem permanecer ligados ao dispositivo anfitrião ou a outros dispositivos de computação móvel e às suas aplicações de trabalho. O desempenho adequado das tarefas listadas nesta secção garante um levantamento de qualidade do local e pode ajudar a obter um ambiente operacional perfeito sempre que instalar uma rede sem fios. O levantamento do local envolve a análise de um local a partir de uma perceção de RF e a determinação do tipo de cobertura de RF de que o local necessita para atingir os objectivos definidos.

O levantamento do local efectuado fornece especificações pormenorizadas sobre a cobertura, as fontes de interferência, a colocação do equipamento, as considerações relativas à energia e os requisitos de cablagem. Além disso, a documentação do estudo do local serve de guia para a conceção da rede e para a instalação e verificação da infraestrutura de comunicações sem fios. As áreas que a rede irá cobrir foram determinadas e as várias posições onde as torres devem ser erguidas também foram determinadas. As torres/mastros são utilizadas para a montagem das antenas dos routers em cada uma das sub-redes. O mastro/torre será erguido numa posição elevada para permitir uma linha de visão clara. No entanto, este projeto é simplificado para uma faculdade. A rede informática da faculdade de ciências naturais e aplicadas terá seis (6) sub-redes e cada uma delas terá a sua própria rede de acordo com o número de departamentos.

3.1.4 Viabilidade operacional

Uma vez que os dispositivos são muito caros e frágeis, necessitaremos de uma equipa de manutenção. Pelo menos 10 pessoas, e também ter um conhecimento de rede acima da média. Para que os dispositivos cumpram o seu objetivo como planeado.

A instituição deve ter um departamento especial para os operadores de rede. Assim, estes podem trabalhar em conjunto com o departamento de TIC, que necessitará da seguinte estrutura de fluxo. Que incluirá o administrador principal, o diretor da instalação, o diretor da manutenção, o secretário/documentalista, funcionários em conjunto com alguns funcionários das TIC e funcionários da eletricidade.

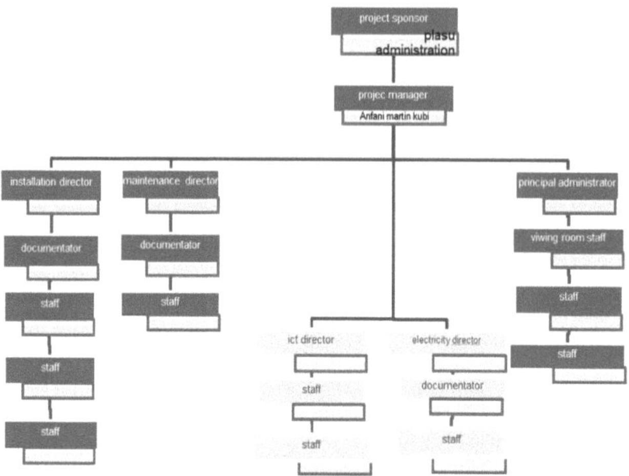

Figura 3.1: Organização do Projeto

3.2 Quadro teórico: waterfall

O modelo em cascata é uma abordagem linear e sequencial de gestão de projectos em que as partes interessadas e os requisitos dos clientes são recolhidos no início do projeto. É designado por "cascata" porque o modelo se desenvolve sistematicamente de uma fase para outra, de forma descendente. Este modelo está dividido em diferentes fases e o resultado de uma fase é utilizado como entrada para outra fase da fase seguinte.

Descrição:

3.2.1 Requisito do sistema

Recolha de requisitos - basicamente para fornecer um padrão de comunicação na faculdade. O sistema necessitará de dispositivos de rede (tanto intermediários como finais), instalação de fibra, diferentes cores de cabos cat 6 e sua instalação, racks, configuração e pessoal permanente

3.2.2 Conceção do sistema

A rede LAN da faculdade terá a forma de uma topologia de malha em estrela. Terá capacidade para fornecer acesso sem fios, acesso à LAN e serviços VoIP. Tudo isto se estenderá por seis departamentos ligados a um servidor dedicado.

3.2.3 Implementação

Com o envolvimento de 2 routers, 3 servidores, dispositivos IOT, telefones IP, AP's e um controlador LAN sem fios, 8 comutadores de camada 2, 2 comutadores de camada 3, cabos de fibra e cabos cat6, etc., isto pode durar pelo menos um mês ou 1 ano, com base na seriedade ou na procura da instituição.

3.2.4 Integração e teste de sistemas

Devemos ser capazes de fazer ping de uma VLAN para outra, com uma funcionalidade adequada dos dispositivos IOT e fazer chamadas de um telefone IP para outro a partir de vários departamentos da faculdade. Integração através da adição de mais dispositivos ou departamentos. Deve ser suficientemente flexível e elástico para permitir a expansão. O utilitário Ping é um utilitário de administração de redes informáticas utilizado para testar a acessibilidade de um anfitrião numa rede IP (Internet Protocol) e para medir o RTT das mensagens enviadas do anfitrião original para um computador de destino (Onwudebelu et al, 2014). Assim, o gateway, o router sem fios, o yahoomail.com e o google.com foram "pingados" para testar a latência e a atenuação da conetividade da Internet e da LAN. O tempo de ida e volta (também conhecido como tempo de atraso de ida e volta (RTD) ou tempo de ping ou latência) é o período de tempo que leva para um sinal ser enviado mais o período de tempo que leva para uma confirmação desse sinal ser recebida. Ou seja, o tempo de atraso consiste nos tempos de transmissão entre os dois pontos de um sinal. Isso é determinado usando o comando ping. Enquanto que o Time to Live (também conhecido como hop limit é um mecanismo que limita o tempo de vida ou o tempo de vida dos dados num computador ou numa rede, o que ajuda a evitar que um pacote de dados circule indefinidamente).

3.2.5 Manutenção

Toda a rede deve ser flexível, permitindo a manutenção, sobretudo em alturas de limpeza (sopro) dos dispositivos e de verificação de que todas as UPS estão a funcionar bem, de que todos os aparelhos de ar condicionado estão a funcionar como é suposto, de verificação contínua dos SYSLOGs para ter a certeza de que não há nada de novo ou de que há uma alteração que possa tornar a rede vulnerável a ataques.

3.3 Sistema Desenvolvimento

3.3.1 Testes Plan

Podemos utilizar o OTDR para testar a conetividade da fibra, o testador de crimpagem para testar a perfeição dos cabos. Pingar dispositivos (comutadores, servidores e router) para verificar a conetividade básica. O utilitário Ping também pode ser utilizado para testar a conetividade. Datukun et al (2018b) recomenda uma boa largura de banda em termos reais de Internet para uma melhor conetividade. Isto ajudaria na implementação adequada de uma rede desejada que poderia servir um campus inteligente. Igbinosa e Datukun (2024) reiteram o facto de que quanto mais forte for a intensidade do sinal, melhor será a rede em termos de desempenho. Por conseguinte, uma boa conceção da rede e uma infraestrutura de sistema adequada contribuiriam muito para um campus inteligente.

3.3.2 Implantação Plano

O ambiente de rede será simulado, mas o processo que se segue explicará como se processa num cenário real.

1. Colocar as nossas fibras e passar os cabos através da parede: Isto envolve o processo de passagem da tubagem através da parede e a escavação do solo para fixar os pips por onde o cabo irá passar, também para enterrar os pips e a própria fibra, criando câmaras de visita onde as fibras serão geridas

2. Instalação dos bastidores, que consiste em acoplar os bastidores, furar as paredes para pendurar os bastidores, criar um acesso à eletricidade perto dos bastidores, passar os cabos através das paredes, ligar as extremidades nas salas de distribuição e nas LANs dos gabinetes, no ambiente dos estudantes, engastar os cabos de ligação, etc.

3. Monte os seus dispositivos e ligue-os à fonte de alimentação. Os processos 1 a 3 são designados por ligação em rede do primeiro nível.

4. Em seguida, o processo de configuração. Que tem a ver com o endereçamento IP, VLANs, inter-vlan, trunks ou tags, DHCP, STP, EtherChannel, SSID sem fios, NTP, VoIP, IOT, etc. O processo 4 é designado por rede de nível 2

5. Testes. Isto tem a ver com o ping, o rastreio de rotas, a verificação da sincronização da hora, etc.

3.3.3 Desempenho da rede

O desempenho da rede é a medida da fiabilidade da conetividade da rede e da transmissão de dados. Neste projeto, o investigador procura desenvolver apenas a rede lógica do segmento da Faculdade de Ciências Naturais e Aplicadas da Universidade Estatal de Plateau Bokkos, que definiu a Convenção de Nomenclatura, principalmente para melhorar a capacidade de transporte e desempenho. Apesar de não existir uma largura de banda fiável, dispositivos empresariais e outras infra-estruturas básicas que melhorem o desempenho da rede, a conceção será feita de forma a que a componente topológica do requisito de desempenho da rede seja abordada. Apesar de a unidade de processamento do computador em que a conceção é feita ser baixa, os resultados da simulação serão razoavelmente adequados aos dispositivos e equipamentos IOT com boa interação.

CAPÍTULO QUATRO
SISTEMA IMPLEMENTAÇÃO

4.1 Conceção da rede e configuração

A disposição da rede será efectuada de modo a garantir uma comunicação eficaz entre os nós e as sub-redes ligados. Todos os computadores de cada departamento serão ligados entre si, utilizando meios com e sem fios (topologia em estrela). Os departamentos de cada escola (sub-rede) serão ligados entre si através de meios com e sem fios. Finalmente, cada sub-rede será ligada entre si utilizando um meio sem fios (topologia em anel). A rede terá seis sub-redes e cada uma delas terá a sua própria rede. Todos os dispositivos utilizados para este projeto foram configurados e estão a funcionar em simulação. Assim, a comunicação esperada ocorre durante a simulação. Os pormenores da configuração estão documentados e podem ser consultados no apêndice. Os campus universitários requerem um projeto de fundo para a rede informática que abranja o plano diretor da área do campus. Isto pode ajudar muito na melhoria subsequente da rede em termos de extensão, atualização de infra-estruturas e desempenho. As ferramentas que podem ser utilizadas para a conceção da rede incluem o CISCO packets tracer, GNS 2,3, OMNET+, etc. Este projeto utiliza apenas o CISCO packets tracer. A topologia da rede existente na Universidade Estatal de Plateau Bokkos (PSU) está a ser investigada através do método de entrevista de inquérito e observação, inclusive. As actividades de configuração documentadas neste projeto encontram-se no Apêndice.

31

4.2 IP Endereçamento

10 redes foram implantadas da seguinte forma

- 10.10.10.0/23 para a vlan 10 = CSCD

- 10.10.20.0/23 para vlan 20 = PHYD

- 10.10.30.0/23 para a vlan 30 = CHEMD

- 10.10.40.0/23 para vlan 40 = MCBD

- 10.10.50.0/23 para vlan 50 = MATHD

- 10.10.60.0/23 para vlan 60 = BCH

- 10.10.12.0/26 para vlan 12 = VoIP

- 10.10.11.0/26 para a vlan 11 = DADOS para a LAN dos funcionários

- 10.10.33.0/19 para vlan 22 = sem fios

- 10.10.22.0/23 para vlan 22 = IOT

- 10.10.1.0/30 para inter-encaminhamento para 10.10.2.0/30 SYSLOG

- 10.10.2.0/30 para inter-encaminhamento para 10.10.2.0/30 SYSLOG

- A LAN dos estudantes de todos os departamentos na rede pode comunicar através de ping (vlan 10, 20,30,40,50,60 e para a rede syslog), etc.

- A LAN do pessoal está numa rede separada para reduzir os engarrafamentos e todos podem comunicar através de ping, etc.

- A IOT funciona bem. Faz o trabalho de ligar e desligar os aparelhos de ar condicionado, os aspersores de incêndio, ligar a sirene e tirar uma fotografia através de uma câmara automaticamente

4.3 Simulação Outputs

A nova configuração da rede neste trabalho de investigação basear-se-á na nova conceção da rede. A rede é composta por seis blocos departamentais, uma sala de deteção e um centro de dados. Toda a rede tem a combinação de diferentes dispositivos intermédios, ligados por cabos de fibra de longo alcance (acima de 100 m) que ligam todos os edifícios e por cabos cat6 utilizados dentro de um edifício. Os seis blocos departamentais da faculdade e a sala de deteção estão todos ligados ao centro de dados. Uma voz sobre IP, uma rede sem fios para dispositivos sem fios com o respetivo SSID e palavra-passe com base em quem está a aceder à rede também estão incluídos. Foi utilizado um cenário IOT para interligar equipamentos IoT, actuadores e censores no ambiente em estudo. Estes foram ligados ao servidor IOT que está localizado na sala de deteção, que tem servidores adicionais para outras actividades. A interação destas coisas interligadas permite a deteção da presença necessária para a utilização pretendida. O apêndice apresenta os resultados da simulação, tal como documentados.

4.3.1 Rede Interatividade

A rede fornece IP a qualquer dispositivo que se ligue à rede com base na identidade da pessoa. Esta ligação pode ser feita por cabo a partir de algumas portas nas paredes dos edifícios ou sem fios a partir dos pontos de acesso (APs). As ligações podem estar em redes diferentes, mas podem comunicar ou chegar umas às outras porque existem encaminhamentos bem configurados. As ligações IoT têm diferentes sensores que detectam e enviam sinais para o servidor IoT, que enviará sinais para os actuadores IoT nos 6 blocos departamentais, na sala de deteção, na entrada da faculdade e no centro de dados. A IoT também se encontra numa rede diferente, mas pode ser acedida a partir de qualquer outra rede. Os dispositivos IOT neste projeto podem não comunicar bem, se os sistemas em que funcionam tiverem capacidades de processamento reduzidas. Por conseguinte, é importante conhecer os requisitos do sistema necessário para simular o projeto. Em qualquer altura, é possível fazer ping a qualquer dispositivo da rede. Utilizando o utilitário ping, as respostas foram adequadas em termos de conetividade.

4.4   Rede Desempenho

A melhoria desejada do desempenho da rede para uma rede de área de campus é avaliada em termos da sua menor contagem de saltos e tempo de atraso com perda mínima ou nula de pacotes, em comparação com a rede existente. A rede também tem capacidade de expansão, para dar resposta ao crescimento dos clientes, uma vez que as localizações principais escolhidas são de actividades académicas centrais e facilmente extensíveis a outras áreas. Maximizei ao máximo as minhas capacidades em termos de conceção e simulação de redes para obter o máximo deste trabalho de investigação. 80% da rede concebida neste projeto funciona, enquanto 15% não funciona devido à baixa capacidade de processamento do sistema. 5% não podem ser configurados no packet tracer. Algumas das configurações planeadas não são implementadas porque é um simulador que é utilizado. No caso da simulação, a baixa capacidade de processamento do sistema torna o desempenho da simulação mais lento. O anexo descreve o acesso a qualquer uma das redes sem fios.

É possível aceder aos telefones IP e aos respectivos números que estão ligados e que se encontram no anexo. Com base em parâmetros de desempenho como Throuhgput, Delay e Packets Loss, as respostas ping indicaram as diferenças em cada um dos resultados da simulação para ver se existe ou não boa conetividade, o que mede um nível de desempenho. Além disso, também se observou que a contagem de saltos é um fator determinante da topologia. Indica o tempo que um pacote permanece numa rede antes de ser descartado, o que contribui para a tendência de atraso. A taxa de pacotes recebidos (Throughput delivered) quando um sistema num local recebe um ping de um sistema noutro local foi total num ponto e parcial em alguns outros pontos. Essencialmente, alguns dos pacotes foram entregues a 100%, outros a 80% e outros a 0%.

Os que indicavam 0% eram mais do que a perda total de pacotes. Houve menos atrasos na entrega de pacotes para mostrar que o número de saltos não era demasiado elevado, apenas cerca de 80 em média em todas as simulações. A parte das chamadas telefónicas, a deteção de presenças, etc., foram executadas de forma reactiva. A principal desvantagem foi a baixa capacidade de processamento do computador portátil. O bom desempenho da rede contribuirá muito para que o campus inteligente funcione como esperado.

CAPÍTULO CINCO
RESUMO, CONCLUSÃO E RECOMENDAÇÕES

5.1 Atingido Objetivo

A conceção e a simulação deste projeto foram realizadas com recurso ao packets tracer da CISCO. O objetivo é apresentar um campus e um ambiente inteligentes. A Faculdade de Ciências Naturais e Aplicadas da Universidade Estatal de Plateau, em Bokkos, foi utilizada para demonstrar este projeto.

5.2 Realizado Objectivos

• A comunicação entre redes (vlans)

• Os principais escritórios de todos os departamentos puderam ser ligados para poderem falar através dos telefones IP (VoIP) que estavam numa vlan dedicada. E uma extensão da vlan de dados para os seus sistemas a partir dos telefones IP, utilizando cabos

• A segurança das portas foi configurada, o que atenuará os ataques DOS e DDOS. E foi implementada uma lista de controlo de acesso para aumentar a segurança

• Foi configurado um servidor dedicado para receber mensagens syslog dos dispositivos de núcleo e de distribuição. Este armazenará automaticamente todas as actividades realizadas no dispositivo de rede.

Assim, a investigação dos problemas relacionados com a rede em contenção na PLASU foi bem sucedida. Além disso, a conceção e a simulação de um campus e de um ambiente inteligentes ideais foram bem sucedidas. No entanto, os êxitos foram apenas razoáveis, pelo que se pode tirar uma conclusão em termos de realização.

5.3 Conclusão

Em conclusão, é de grande importância ligar em rede um campus e o ambiente de uma forma inteligente, o que permitirá resolver vários problemas. Entre elas, a insegurança, que pode ser enfrentada através do aproveitamento de uma comunicação rápida. Assim, a PLASU pode ser inteligente utilizando este projeto como modelo.

5.4 Recomendação (s)

• Deve haver pelo menos 10 profissionais de rede para monitorizar e manter a rede

• O projeto deve ser gerido por um grupo e não por um indivíduo

• O departamento de NIS (serviços de rede e Internet) deve ser levado muito a sério

• Todas as actualizações e correcções dos dispositivos devem ser descarregadas e instaladas sempre que houver uma atualização (manutenção).

• Deve ser sempre efectuada uma limpeza física dos dispositivos.

• Devem estar fechados à chave, num local limpo, seco e bem ventilado.

5.5   Limitações do estudo

• Foi programada uma câmara IOT que armazena a assiduidade do pessoal

• A utilização exclusiva de dispositivos CISCO e de modelos e simuladores proprietários relacionados com a Cisco

• Um ou dois servidores devem ser capazes de efetuar a maior parte do trabalho que os servidores dedicados distribuídos devem efetuar.

5.6 Futuros trabalhos em

• Trabalhar com a câmara de vigilância que deve ser capaz de captar todos os funcionários presentes e deve estar ligada à Internet.

• À medida que a rede cresce, serão necessários mais dispositivos IOT sensoriais e adicionar dispositivos de autenticação

• O projeto necessitaria de mais avanços e continuaria a desenvolver-se até abranger toda a escola, razão pela qual é utilizado um comutador de camada 3 (para escalabilidade).

• Implementação de APs de longo alcance em torres de telemóveis.

• Trabalhar mais nas opções de segurança dos portos.

REFERÊNCIAS

L. S Ezema, W. E Mbonu , U, O Nwogu , C. Owuamanam (2014). Plano, Projeto e Simulação de Rede Universitária. Jornal Internacional de Pesquisa Avançada em Computação. 4 (3).

Datukun K. A (2020). Redes de Computadores e Comunicação. Livro publicado pela Amazon.

ISBN: 9798666045664

Datukun Kalamba (2018). Um projeto típico de rede de área de campus. Amazon. ISBN-978- 6139825332

Datukun Kalamba Aristarkus, Sellappan Palaniappan & Tatchanaamoorti Purnshatman (2017).

Projeto de topologia híbrida para melhorar o desempenho da rede. Global Journal of Computer Science and Technology: E Network, Web & Security. 17 (3).

Onwudebelu Ugochukw, Datukun Kalamba Aristarkus, S. E. Adewumi (2014). Diagnosticando a rede da Universidade de Salem Lokoja para um melhor desempenho da rede. Revista Universal de Comunicações e Redes 2(2): 40-46

Datukun Kalamba Aristarkus, Sellappan Palaniappan (2018b). Aproveitamento da telemedicina através d e   videoconferência. MOJ Proteomics & Bioinformatics. 7 (4).

Igbinosa O. G. & Datukun K. A (2024). Força do sinal de uma rota de uma estação de TV operando na banda UHF na Nigéria. Research Inventy: Revista Internacional de Engenharia e Ciência. 14 (3).

B. Y. Baha, D. A. Andembubtob & A. K. Dodo (2016). LAN do Campus da Universidade Estadual de Taraba. Redes e Sistemas Complexos. 6 (3).

APÊNDICE

Configurações: Consegui implementar o seguinte:

1. Configuração básica:

ativar palavra-passe palavra-passe

linha consola 0 palavra-passe palavra-passe

login exit

ativar palavra-passe secreta

interface vlan 1

endereço IP

Máscara de sub-rede IP

sem encerramento

ip default-gateway

Máscara de sub-rede IP

2. SSH: Para aceder aos dispositivos remotamente

❖ Em todos os comutadores e routers, no que diz respeito ao seu endereço IP de rede específico.

ip nome-do-domínio plasu

S.com crypto key generate rsa1024

nome de utilizador admin segredo cisco linha vty 0 15

login local transporte entrada ssh

3. Troncos: são links que permitem que todas as vlans passem por eles. A configuração para troncos está em baixo;

❖ Para os comutadores de nível 3 do núcleo

gama de interfaces g1/0/1-6

switchport trunk encapsulation dot1q switchport mode trunk

switchport nonegotiate interface range g1/0/23-24

switchport trunk encapsulation dot1q switchport mode trunk

switchport nonegotiate

❖ **Para os comutadores de distribuição no departamento;**

gama de interfaces g0/1-2

switchport trunk encapsulation dot1q switchport mode trunk

switchport nonegotiate

4. VLAN:

❖ **Para o comutador de camada 3**

vlan 10 nome CSC

interface vlan 10

endereço ip 10.10.10.1 255.255.254.0

vlan 20

nome Interface PHY vlan 20

endereço ip 10.10.20.1 255.255.254.0

vlan 30 nome CHEM

interface vlan 30

endereço ip 10.10.30.1 255.255.254.0

vlan 40 nome MCB

interface vlan 40

endereço ip 10.10.40.1 255.255.254.0

vlan 50 nome MATH

interface vlan 50 nome MATH interface vlan 50

endereço ip 10.10.50.1 255.255.254.0

vlan 60 nome BCH

interface vlan 60

endereço ip 10.10.60.1 255.255.254.0

vlan 11 nome voz

vlan 12 nome dados vlan 33

nome wireless vlan 22

nome iot

❖ **Em todos os comutadores de distribuição**

vlan 11 nome voz

interface f0/9-12 switchport mode access switchport access vlan 11 vlan 12

nome dados vlan 33

nome da interface sem fios f0/13-19

switchport mode access switchport access vlan 33 vlan 22

nome da interface iot f0/1-8

acesso ao modo switchport

acesso ao switchport vlan 22

❖ **Comutador de distribuição CSC.**

vlan 10 nome CSC

❖ **Switch de extensão CSC** Interface f0/1-24 Switchport mode access

Switchport access vlan 10

❖ **Comutador de distribuição PHY.**

vlan 20 nome PHY

❖ **Comutador de extensão PHY** Interface f0/1-24 Switchport mode access

Switchport access vlan 20

❖ **Interruptor de distribuição CHEM.**

vlan 30 nome CHEM

❖ **Switch de extensão CHEM** Interface f0/1-24 Switchport mode access

Switchport access vlan 30

❖ **Interruptor de distribuição MCB.**

vlan 40 nome MCB

❖ **Comutador de extensão MCB** Interface f0/1-24 Switchport mode access

Switchport access vlan 40

❖ **Interruptor de distribuição MATH.**

vlan 50 nome MATH

❖ **Switch de extensão MATH** Interface f0/1-24 Switchport mode access

Switchport access vlan 50

❖ **Interruptor de distribuição BCH.**

Vlan 60 nome BCH

❖ **Switch de extensão BCH** Interface f0/1-24 Switchport mode access

Switchport access vlan 60

❖ **No router**

ip route 10.10.1.0 255.255.255.224 10.10.10.0

rota ip 10.10.10.0 255.255.254.0 10.10.1.0

❖ **Na** interface **do segundo router** g0/1.10 encapsulamento dot1Q 10

endereço ip 10.10.10.4 255.255.254.0

interface g0/1.20 encapsulamento dot1Q 20

endereço ip 10.10.20.4 255.255.254.0

interface g0/1.40 encapsulamento dot1Q 40

endereço ip 10.10.40.4 255.255.254.0

interface g0/1.50 encapsulamento dot1Q 50

endereço ip 10.10.50.4 255.255.254.0

interface g0/1.60 encapsulamento dot1Q 60

endereço ip 10.10.60.4 255.255.254.0

❖ **No comutador de camada 3**

Encaminhamento de IP

5. DHCP:

❖ **Para o comutador de camada 3**

serviço dhcp

ip dhcp excluded-address 10.10.10.1 10.10.10.10

ip dhcp pool VLAN10

rede 10.10.10.0 255.255.254.0

rota predefinida 10.10.10.1

servidor de dns 8.8.8.8

nome de domínio DHCPSWICTH.com

ip dhcp excluded-address 10.10.20.1 10.10.20.10 ip dhcp pool VLAN20

rede 10.10.20.0 255.255.254.0

rota predefinida 10.10.20.1

servidor de dns 8.8.8.8

nome de domínio DHCPSWICTH.com

ip dhcp excluded-address 10.10.30.1 10.10.30.10 ip dhcp pool VLAN30

rede 10.10.30.0 255.255.254.0

rota predefinida 10.10.30.1

servidor de dns 8.8.8.8

nome de domínio DHCPSWICTH.com

ip dhcp excluded-address 10.10.40.1 10.10.40.10 ip dhcp pool VLAN40

rede 10.10.40.0 255.255.254.0

rota predefinida 10.40.10.1

servidor de dns 8.8.8.8

nome de domínio DHCPSWICTH.com

ip dhcp excluded-address 10.10.50.1 10.10.50.10 ip dhcp pool VLAN50

rede 10.10.50.0 255.255.254.0

rota predefinida 10.10.50.1

servidor de dns 8.8.8.8

nome de domínio DHCPSWICTH.com

ip dhcp excluded-address 10.10.60.1 10.10.60.10 ip dhcp pool VLAN60

rede 10.10.60.0 255.255.254.0

rota predefinida 10.10.60.1

servidor de dns 8.8.8.8

nome de domínio DHCPSWICTH.com

6. STP:

❖ Para o primeiro comutador de 3 camadas

modo rapid-pvst da spanning-tree

spanning-tree vlan 1,10,20,30,40,50,60 priority 4096 spanning-tree vlan

1,10,20,30,40,50,60 root primary

❖ Para o segundo comutador de 3 camadas

modo rapid-pvst da spanning-tree

spanning-tree vlan 1,10,20,30,40,50,60 priority 4095 spanning-tree vlan

1,10,20,30,40,50,60 root secondary

❖ Para todos os outros comutadores de camada 2

modo rapid-pvst da spanning-tree

❖ Para os comutadores de distribuição em todos os departamentos

interface range f0/22-24 channel-group 1 mode auto no shutdown

❖ Para todos os comutadores extensíveis nos departamentos

interface range f0/22-24 channel-group 1 mode desirable no shutdown

❖ Para o router 2811 cat

interface f0/0 no shutdown exist

serviço dhcp

ip dhcp pool data

rede 10.10.11.0 255.255.255.192

def 10.10.11.1

dns-server 8.8.8.8 nome-do-domínio dados.com ip dhcp pool voz

rede 10.10.12.0 255.255.255.192

def 10.10.12.1

servidor de dns 8.8.8.8

nome-do-domínio voice.com opção 150 ip 10.10.12.1 existe

interface f0/0.11 encapsulamento dot1q 11

endereço ip 10.10.11.1 255.255.255.192

interface f0/0.12 encapsulamento dot1q 12

endereço ip 10.10.12.1 255.255.255.192

existir do wr

telefonia max-dn 25

max-ephone 25

ip source 10.10.12.1 port 2000

atribuição automática de 1 a 25

ephone-dn 1

número 5555

ephone-dn 2

número 5566

ephone-dn 3

número 5577

ephone-dn 4

número 5588

ephone-dn 5

número 1005

ephone-dn 6

número 1006

ephone-dn 7

número 1007

ephone-dn 8

número 1008

ephone-dn 9

número 1009

ephone-dn 10

número 1010

ephone-dn 11

número 1011

ephone-dn 12

número 1012

ephone-dn 13

número 1013

ephone-dn 14

número 1014

ephone-dn 15

número 1015

ephone-dn 16

número 1016

ephone-dn 17

número 1017

ephone-dn 18

número 1018

ephone-dn 19

número 1019

ephone-dn 20

número 1020

ephone-dn 21

número 1021

ephone-dn 22

número 1022

ephone-dn 23

número 1023

ephone-dn 24

número 1024

ephone-dn 25

número 1025

tabela de atribuição de números de telefone VoIP

DEPARTAMENTO	NÚCLEO QUART O	HOD ESCRITÓ RIO	NÍVEL COORDENAD OR	EXAME S FUNCIO NÁRIO
DEPARTAMENTO CSC	1017	1015	1016	1018
DEPARTAMENTO DE FÍSICA	1014	1012	1024	1013
DEPARTAMENTO DE QUÍMICA	1009	1007	1019	2020
DEPARTAMENTO DE MATEMÁTICA	1022	1008	1023	1010
DEPARTAMENTO MCB	1011	5577	5555	5588
DEPARTAMENTO BCH	1055	5566	1006	1021
SALA DE DETECÇÃO				

7. NTP:

interface g0/0/0

endereço ip 10.10.2.2 255.255.255.0

no shutdown interface g0/0/1

endereço ip 10.10.1.2 255.255.255.0

sem encerramento do wr

no comutador central de nível 3 1 .

interface g1/0/19 no switchport

endereço ip 10.10.2.1 255.255.255.0

no router: NTP

ntp authentication-key 3 md5 plasu 100

ntp trusted-key 3 ntp update-calendar

servidor ntp 10.10.1.1 chave 3 autenticação ntp

do wr exit

show ntp status SYSLOG config

service timestamps log datetime msec logging host 1.1.1.1

vlan 22 nome iot

interface range f0/10-21 switchport mode access switchport access vlan 22

interface g0/2

switchport mode access switchport access vlan 22 interface f0/3

switchport mode access switchport access vlan 22 do wr

8. Segurança de porta: em todas as interfaces fastEthernet. E nos comutadores de distribuição, as configurações devem ser feitas numa interface de comutador.

Switch port-security maximum 2 Switch port-security protect

Switch port-security mac-address sticky

9. Pontos de acesso sem fios: esta configuração dá acesso aos utilizadores que utilizam principalmente dispositivos sem fios. O endereço IP da rede é 10.10.33.0/19, o nome de utilizador do controlador terrestre sem fios é Plasu_admin, o nome de sistema plasu, a palavra-passe é PLAsu1234# e o IP é 10.10.33.1. Isto ajudá-lo-á a obter acesso ao WLC a partir de qualquer ponto da rede sem fios

NOMES E PALAVRAS-PASSE DE REDES SEM FIOS

Nome da rede	Palavra-passe
Plasu	123456789
Pessoal	123489pessoal
CSCD	csc1111std
BCHD	bch2222std
MCBD	mcb3333std
MATHD	math4444std
PHYD	phy5555std
CHEMD	chem6666std

10. IOT. A Internet das coisas ajudará a automatizar algumas coisas muito cruciais que ajudarão a rede. É fundamental para a segurança dos dispositivos. A configuração de cinco funcionalidades cruciais muito importantes na rede, todas ligadas entre si, são elas

- Sistemas de arrefecimento

- Sistemas de deteção

- Sistemas de leitura de sinais

- Sistema de capacidade de encaixe

- Sistemas de extinção de incêndios

I. DHCP: para atribuir endereços IP a todos os dispositivos IOT na rede

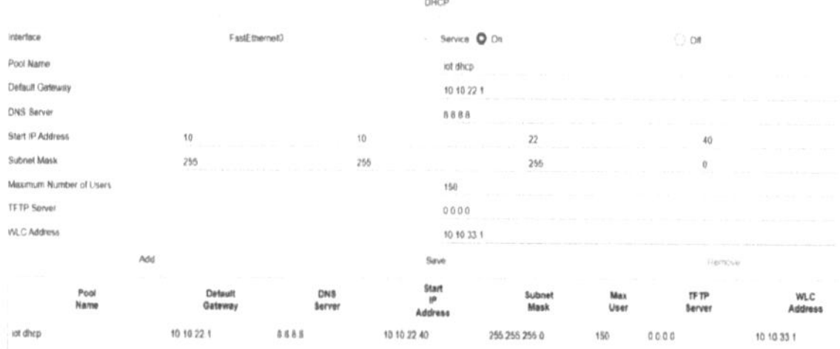

Pool Name	Default Gateway	DNS Server	Start IP Address	Subnet Mask	Max User	TFTP Server	WLC Address
iot dhcp	10 10 22 1	8 8 8 8	10 10 22 40	255.255.255 0	150	0 0 0 0	10 10 33 1

II. Estão segregados para que possamos vigiá-los com base na origem do problema.

Service		On
	Username	Password
2	dataD	dataD
3	cscD	cscD
4	phyD	phyD
5	chemD	chemD
6	mathD	mathD
7	bchD	bchD
8	mcbD	mcbD

III. Estas são todas as bases de dispositivos nos departamentos e onde estão montadas. Este é o aspeto de todos os departamentos.

IV. É assim que estão ligados e como estão ligados através de configurações e condições, acessíveis remotamente e este é o produto final

IoT Server - Device Conditions

Home | Conditions | Editor | Log Out

Actions	Enabled	Name	Condition	Actions
Edit Remove	Yes	smoke on	phy smoke de Level >= 0.18	Set PTT0810L4R9- Max to 256
Edit Remove	Yes	humidity high	PTT0810S147- Humidity >= 37	Set PTT08101Y85- On to 1 Set phy AC 1 On to true Set phy AC 2 On to true Set phy AC 3 On to true Set PTT0810L4R9- Curve Shape to cosine
Edit Remove	Yes	fire on	PTT081051BP- Fire Detected is true	Set phy fire spri Status to true Set PTT0810L4R9- Min to 500
Edit Remove	Yes	humidity	PTT0810S147- Humidity < 25	Set PTT08101Y85- On to 0 Set phy AC 1 On to false Set phy AC 2 On to false Set phy AC 3 On to false
Edit Remove	Yes	fire off	PTT081051BP- Fire Detected is false	Set phy fire spri Status to false

Add

I want morebooks!

Buy your books fast and straightforward online - at one of world's fastest growing online book stores! Environmentally sound due to Print-on-Demand technologies.

Buy your books online at
www.morebooks.shop

Compre os seus livros mais rápido e diretamente na internet, em uma das livrarias on-line com o maior crescimento no mundo! Produção que protege o meio ambiente através das tecnologias de impressão sob demanda.

Compre os seus livros on-line em
www.morebooks.shop

Printed by Books on Demand GmbH, Norderstedt / Germany